시카고 클라우드 게이트

시카고 클라우드 게이트

Cloud Gate in Chicago

2025년 9월 10일 초판 1쇄 인쇄
2025년 9월 17일 초판 1쇄 발행

지은이Written by │ 성민희Seong Min-Hee
번역Translated by │ 류석준Robin Lyu

펴낸이Published by │ 孫貞順Son Jeoung Soon

펴낸곳 │ 도서출판 작가Jakga Publishing Co.
　　　 (03756) 서울 서대문구 북아현로6길 50
　　　 50, Bugahyeon-ro 6-gil, Seodaemun-gu, Seoul, Korea
　　　 Tel │ 02)365-8111~2　Fax │ 02)365-8110
　　　 Mail │ cultura@cultura.co.kr
　　　 Homepage Address │ www.cultura.co.kr
　　　 등록번호 │ 제13-630호(2000. 2. 9.)

편집 │ 손희 김치성 설재원
디자인 │ 오경은 이동홍
마케팅 │ 박영민
관리 │ 이용승

ⓒ성민희, 2025. Printed in Seoul, Korea.
ISBN 979-11-94366-97-3 03810

* 이 책의 판권은 지은이와 도서출판 작가에 있습니다.
  양측의 서면 동의 없는 무단 전제 및 복제를 금합니다.
* 잘못된 책은 구입하신 서점에서 바꾸어 드립니다.

값 15,000원

한국디카시 대표시선

33

성민희 디카시집

시카고 클라우드 게이트

Cloud Gate in Chicago

작가

■ 시인의 말

눈으로 쓰고 마음으로 읽는

아마추어로 그림을 그리던 나는 어떤 '장면'을 포착하기 위해 때와 장소를 가리지 않고 카메라를 꺼내어 드는 버릇이 있었는데. 언제부턴가 멋진 풍경에 반짝 떠지던 눈의 초점이 사람에게로 옮겨갔다. 사람 사이에 흐르는 미묘한 빛과 그림자. 그 찰나를 잡아 세상 이야기를 건져내는 재미에 빠져버린 것이다.

디카시를 만나고부터는 내 이야기가 한층 더 다채롭고 풍요로워졌다. 렌즈에 잡힌 장면은 더 이상 정지된 이미지가 아니었다. 내 시선을 통과한 사진이 짧은 시와 만나면서, 사진은 숨을 쉬기 시작했고 언어는 새로운 생명을 얻었다.

눈으로 쓰고, 마음으로 읽는 나의 '언어'. 그것이 나의 디카시다.
사진은 멈추지만 언어는 그 위에서 끊임없이 새로운 의미를 피워낸다. 바로 그 교차 지점에서 태어난 '사유의 형식'. 그것이 바로 나의 디카시다.

이렇게 탄생한 나의 디카시가 누군가의 기억과 감정을 흔들어 깨우는 프란츠 카프카의 '도끼'가 되면 좋겠다.

미국에서 태어나 한국말에 서툴지만, 며칠 간이나 마주 앉아 의미를 찾아다니며 번역을 도와준 아들 라빈에게 큰 사랑과 고마움을 보낸다.
시집 발간을 위해 정성을 다해 주신 〈작가〉 손정순 대표님께도 감사를 드린다.

오렌지카운티에서
성민희

■ Poet's Note

Captured by my eyes and interpreted by my heart

As an amateur painter, I had this habit of pulling out my camera whenever I wanted to capture a moment. I don't remember exactly when but, at some point, my focus shifted from landscapes to people. The light and the darkness flowing between them—the joy of capturing that fleeting moment and drawing out the stories of the world—captivated me.

After encountering dica-poetry(digital camera poetry), I found my storytelling becoming more eclectic and prolific. The moments framed by my lens were no longer mere images. As photographs met with poem, images drew breath and language gained new life.

Captured by my eyes and interpreted by my heart—that is my dica-poem.

While a still photograph captures a moment in time, we can imbue infinite meaning upon it with our words. From that intersection is born a form of reflection. That is my dica-poem.

I hope these dica-poems, birthed as they were, become like Franz Kafka's "axe," stirring and awakening memories and emotions.

To my son Robin, who was born in the United States and not fluent in Korean, but sat with me for days, searching for meaning and helping me with their translation, I send my love and gratitude.

I also extend my thanks to Jeongsoon Son, CEO of Jak-Ga, for her steadfast dedication to the publication of this collection.

Orange County, CA

Minhee Seong

차례

시인의 말

제1부 사랑에 관하여

가난한 사랑 Humble love · 14
닫히지 않는 마음 Waiting for Love · 16
겨울나무 Winter Tree · 18
참사랑 True love · 20
기억의 파도타기 The Memory on the Wave · 22
네 친구 Four Friends · 24
한 낮의 별 Noon Stars · 26
둥근 사랑 Rolling Love · 28
동행 In Step · 30
바람 부는 곳으로 Where the Wind Blows · 32
부부 The Couple · 34
사랑의 홀 인 A love's hole-in · 36
두 송이 꽃 Two Bloom Flower · 38
당신의 빈자리 Your Empty Seat · 40
도시의 이방인 An Outsider in the City · 42

제2부 인생에 관하여

그 분의 손길 His touch · 46

가장의 무게 Breadwinner · 48

고백 Confession · 50

고사목의 유언 Last Words of a Fallen Tree · 52

꿈Ⅰ DreamⅠ · 54

꿈Ⅱ DreamⅡ · 56

꿈Ⅲ DreamⅢ · 58

빈 잔의 기도 A Prayer of an Empty Cup · 60

존재의 자각 Consciousness Awakening · 62

무언의 폭력 Hidden Violence · 64

얼음의 미학 The Aesthetics of Ice · 66

왕영往榮 Fading Glory · 68

세월의 가르침 Lessons from a Lifetime · 70

차별 금지 No Judgment · 72

그 분을 기다리며 Waiting for Him · 74

제3부 일상 중에

시카고 클라우드 게이트 Cloud Gate in Chicago · 78

나고야 그 남자 The man from Nagoya · 80

덴버 공항에서 At Denver's Airport · 82

응시 Gaze · 84

실수한 산타 A Mistaken Santa · 86

안녕, 2024년 Farewell, 2024 · 88

애원 A plea · 90

피스모 비치에서 At Pismo Beach · 92

미끄럼틀 세 여자 Three Women on a Slide · 94

갈대숲 In the Reed Field · 96

도산의 편지 Dosan's Letter · 98

엄마와 딸 Mother and Daughter · 100

소멸과 각인의 시간 When We Fade, Yet Leave a Trace · 102

중얼중얼 봄 Whispers of Spring · 104

내 나이가 어때서 Why are you bringing up my age · 106

제4부 풍경

비상의 순간 The Moment of Ascent · 110

기우제 Rainmaking Ceremony · 112

노을의 고백 The Sunset's Confession · 114

당당한 존재감 A Dignified Presence · 116

대자연의 서사 Nature's Saga · 118

나의 작은 천사 My Little Angel · 120

태고의 입맞춤 The Earth's breath, finally met · 122

품바 Pumba · 124

하늘곰 Sky Bear · 126

한낮의 합창제 A Midday Chorus · 128

정적의 숲 Forest of Stillness · 130

봄호수 Spring Lake · 132

역사歷史 속의 역사驛舍 History's Traks · 134

침묵의 성소 The silent sanctuary · 136

새들의 조찬 모임 Breakfast Meeting of the Birds · 138

해설 이중언어 환경에서의 삶과 사랑_김종회 · 140

제1부

사랑에 관하여

가난한 사랑

Humble love

서약의 순간

축가는 파도 소리, 화환은 조개껍데기

유람선도 하객인 양 돛을 세웠다

축복하라

이 가난한 사랑을

In this moment of sacred vows,

the waves are a congratulatory song,with seashells as floral wreaths.Even the ships raise their sails in celebration.

Blessed be

this poor yet radiant.

닫히지 않는 마음

Waiting for Love

바람 없는 날도
너를 기다리는

내 마음의 문

Even on the stillest of days,
the door of my heart
waits for you.

겨울나무

Winter Tree

겨울나무에 매달린 기억 한 조각

울음보다 슬픈 미소가 있다는 걸 그때 알았습니다

흩어지는 낙엽 사이로 얼핏 보이던 눈물

아, 지금도 바람이 불면

텅 빈 나뭇가지에 걸립니다

A shard of memory clung to the winter tree

It was then I learned a smile could be sadder than tears.

A tear glimpsed through the scattering fallen leaves…

Ah, even now when the wind blows,

it catches on the empty branches.

참사랑

True love

쓸쓸해하지 마

내가 앉아 있어줄게

Don't feel lonely.

I'll sit here with you.

기억의 파도타기

The Memory on the Wave

파랗게 변한 입술 덜덜거리며

도무지 수영 못해. 징징거려도

미소로 안아주던 젊은 날의 아버지

기억 속 그리운 얼굴

파도타기로 오셨네

Lips turned blue, I shivered all over.

"I can't swim!" I pouted, but

my young father would embrace me with warm laughter.

That beloved visage in my memory

has returned on the waves.

네 친구

Four Friends

한세월 돌아와 마주한 네 친구

한밤 내내 견뎌낸 서로 다른 무게

눌렸던 몸 서서히 회복시키며

고생했구나

서로 다독이는 위로의 시간

Four friends reunited after so many years,

each bore its unique burden through the long night.

As we slowly regain our form,

"You've been through so much."

the gentle consolation in a time of comfort.

한 낮의 별

Noon Stars

꽃송이로 피어나 뒤뜰에 가득 찬
송글송글 속눈썹에 맺히던 눈물

어쩌자고 이 한낮에 별이 되어 찾아왔니?

Blossoming flowers fill the yard
like teardrops trembling on full lashes.

What called you here as a star, in this kind noon?

둥근 사랑

Rolling Love

한걸음에 실린 세월

빈 휠에 맺힌 기억

먼 옛날 가슴에 안았던 아가의 그 발

이제 앞서 걸어주네

둥근 사랑을 굴려주네

Each step laden with the passage of time,

memories turning on an empty wheel.

So long ago, her baby feet cradled to his chest.

Now, walking ahead, gently leading,

her love rolls back, full circle.

동행

In Step

말이 없어도
발끝이 함께하는

바람이 물들인 단풍처럼
세월이 빚어준 선물

'우리'

Even without words,
we walk in step.

As autumn's breath colors the leaves,
a gift molded by the passage time—

'us.'

바람 부는 곳으로
Where the Wind Blows

나 지금 가고 싶어 바람 부는 곳으로

지란지교 정겨운 이 함께하면 더 좋아라

금나비 날아가듯 구름 둥둥 떠가듯

가을바람 푸른 하늘 돛단배 띄우고

네가 나인 듯 내가 너인 듯 마음 나누며 살고 싶어

I want to go now, to where the wind blows,

even better with a kindred spirit.

As golden butterflies drift and the clouds float

across the blue sky, I'd set my boat adrift on the autumn wind.

To live sharing our hearts, as if I were you and you were me.

부부

The Couple

둘이지만 한 몸이라 누가 말했나
한세상 티격태격 살아내노라면
아내도 남편도 각각일 때 있더라만
중간에 종종종종 따라 붙는 새끼들
한 몸으로 살아야 할 커다란 이유

Can two really become one?
Through a lifetime of quarrels and bickering,
when husband and wife split apart,
between them the soft pattering of tiny feet
the truest reason they live as one.

사랑의 홀 인

A love's hole-in

집중의 순간
감싸 쥔 손, 손녀와 할아버지

공보다 마음이 먼저 굴러가네
사랑의 홀 인

A moment of focus
Hands embraced, granddaughter and grandfather.

The heart rolls ahead of the ball,
a loving tap-in.

두 송이 꽃

Two Bloom Flower

너의 눈빛은 나의 새벽 등불

너의 웃음은 나의 첫 햇살

우리는

세상 가장 따스한 봄빛 속에 피어난

두 송이 꽃

Your gaze is my morning lamplight,
your smile my first sunlight.

We are
two blossoms
warmed by the most gentle spring light.

당신의 빈자리

Your Empty Seat

당신의 빈자리 사무칠까봐

멀찍이 서서 바라만 본다

곱게 접힌 냅킨처럼

이제

그리움의 끝을 접는다

Fearing your empty seat would pierce my soul,

I remain at a distance, gazing.

Neatly, like a pressed napkin,

now,

I fold away this yearning.

도시의 이방인

An Outsider in the City

콘크리트에 누운

고단한 존엄

도심 한가운데에 쓰인

남루한 기록

Weary dignity

lying on concrete.

A rueful tale,

etched in the heart of the city.

제2부
인생에 관하여

그 분의 손길

His touch

주차장 오고 가는 차바퀴 사이

작은 꽃 하나 피었다. 꽃은 알까

조금 비껴가 준 바퀴를

내가 만난 많은 우연

그것도 분명 바퀴였을 터

Between the tracks of a busy parking lot,

a small flower blooms. Does it know

how chanced it is with each passing wheel?

All the luck I've had in my life,

they, too, must be the grace of passing wheels.

가장의 무게

Breadwinner

그의 다리는 가정의 돛대

등은 안티롤링 탱크Anti Rolling Tank

아이가 어른이 될 때까지, 아내가 할머니가 될 때까지

아파도 안 되고 다쳐도 안 되는

묵묵히 걸어야 할 묵직한 세상

His legs, the mast of the family sail,

his back, a stabilizing water tank.

Until his child is grown, his wife a grandmother,

he cannot fall ill, cannot be broken,

treading a weighty world in steadfast silence.

고백

Confession

너의 세월도 이야기해 봐

어디에서 주저앉았는지

어느 골목에서 외로웠는지

나는 이미 고백했어

자세히 한번 봐봐

Tell me too, of your years:

where you faltered, and

in which corner you were lonely.

I've already laid my heart bare.

Now, look closer.

고사목의 유언

Last Words of a Fallen Tree

내 시간은 여기까지

잎으로 계절을 품고, 뿌리로 세월을 들이켰다

문득 돌아보는 나의 짧은 하루

남자여

네 발 아래 순간을 뜨겁게 살라

My time ends here.

I cradled the seasons in my leaves,

drank in the years with my roots.

Suddenly, it feels but a short day.

Sir! Take each fleeting step with fire beneath your feet.

꿈 I

Dream I

날고 싶구나. 아이야

그래 날아가 보렴
훨훨 날아가 보렴

My child, you long to fly.
Then go on, soar Fly untethered, fly free.

꿈 II

Dream II

바다 너머에는 뭐가 있을까

궁금하구나. 아이야

구름처럼 가볍게, 파도처럼 거침없이 나아가 보렴

모래밭에 발자국을 찍듯

세상에도 발자국을 깊이 남겨보렴

What lies beyond the sea? You're wondering, child.

Go forth, light as a cloud, unstoppable as a wave.
Just as you mark footprints in the sand, leave an indelible mark on the world.

꿈 III

Dream III

드디어 날기 시작했다

디딤돌 같은 건 애초부터 필요 없었다

어기야 디야

스스로 꿈 부풀리면

봄햇살 아래 한 마리 나비가 되는 것을

At last, it spreads its wings.

A stepping stone was never needed.

"Heave-ho~!"

To nurture a dream,

is to become a butterfly under the spring sun.

빈 잔의 기도

A Prayer of an Empty Cup

어지러운 세상 속
길 잃은 잔 하나

누구의 손에 들려 있다
어디쯤 놓일까

나는?

In a dizzying world,
an empty cup that lost its way.

Held in whose hands?
Where will it finally rest?

Me?

존재의 자각

Consciousness Awakening

바람 한 줌, 햇살 한 겹 내려앉은 여린 시간
풍성히 날개 펼친 나비로 피었구나

하늘을 가르는 소리 없는 날갯짓
나, 지금 살아가고 있어

With a breath of wind, a gentle ray of sunlight,
you unfurl butterfly leaves,

Silent wings cutting across the sky.
"I am alive, now"

무언의 폭력

Hidden Violence

'모진 놈 옆에 있으면 벼락 맞는다'
옛말 생각나게 하는 봉투 속 주꾸미

썩는 건 원래 조용히 번지는 거
네가 왜 거기 있었니? 묻지 않는다

'He who stands by the wicked invites disaster,'
the rotting squash reminds me of an old proverb.

Decay diffuses subtly.
No one asks, "why were you there?"

얼음의 미학

The Aesthetics of Ice

66

퍼렇게 멍든 자국 얼음으로 문지르듯
즐풍목우櫛風沐雨 아픈 세월 쓰다듬어 줄 누구 없소
맞잡고 올라가는 사이좋은 담쟁이처럼
추렴 또한 신나게 넣어 줄 이 어디 없소

기다리고만 있으랴 내가 먼저 녹아주리

Like melted ice pressed on a deep blue bruise,
can't someone soothe these tumultuous, painful times?
Like braided ivy ascending hand in hand,
is there no one to joyfully share the load?

No need to wait, I can be the first to melt.

왕영往榮

Fading Glory

너
가여운 모자母子여

어느 날, 어느 전시장에서는
분명 주인공이었을 터

You,
lamentable mother with child,

At some point, somewhere,
surely you played the starring role.

세월의 가르침

Lessons from a Lifetime

은빛 머리칼 날리며 어덜트 스쿨 가는 우리 엄마

한세상 살아보니 아는 것이 힘이더라
다른 생각하지 말고 배우는 데 힘쓰거라

My mom, silver hair streaming, on her way to adult school.

A liftetime has taught me
that knowledge is power.
Don't let your mind wander—
pour your strength into learning.

차별 금지

No Judgment

귀한 것만 자물쇠로 지키는 게 아니야
쓰레기통에도 자물쇠 채워질 때 있는 걸
사람도, 물건도, 쓰레기도
한때는 세상의 한 조각이었던 것을

높고 낮음의 저울에 함부로 올리지 마라

Not only valuables are kept under lock and key;
even trash bins sometimes wear a lock.
People, possessions, and rubbish alike,
all were once stardust.

Do not measure them in haste on your value scale.

그 분을 기다리며

Waiting for Him

누군가에게는 책가방으로

누군가에게는 여행 백팩이던 내가

어쩌다 길거리 노약자석에 앉아

혈기 왕성한 유혹을 하고 있나

내일은 또 누가 내 주인이 되어줄까?

Once a schoolbag,

and a travel pack for another.

How did I end up on this bench for the elderly,

a bold temptation for those passing by.

Who will be my companion tomorrow?

제3부
일상 중에

시카고 클라우드 게이트

Cloud Gate in Chicago

거대한 은빛 물방울

익숙한 풍경은 낯선 뒤틀림으로

현실이 굽이치며 초현실로 스며드는

수백의 내가 일렁이는 허공에서

나는 '나'를 찾는다

A giant silver droplet

bends familiar scenes into strange distortions.

Reality ripples, dissolving quietly into the surreal.

In the void where hundreds of me shimmer,

I search for 'me'.

나고야 그 남자
The man from Nagoya

옛 고향 그리워 찾아온 나고야

우연히 만난 남자 반가워 앉았다

한국말 잘 하네. 울 할머니가 키워주셨어요

그에게 엄마는 돌아가신 할머니의 부활

엄마에게 그는 타임머신 타고 온 60년 전 그 사람

Longing for her hometown, she came to Nagoya.

A chance encounter with a man turns into a sit-down.

"You speak Korean well." "My grandma raised me."

To him, my mom was the resurrection of his late grandmother.

To her, he was a time traveler, someone she might have known 60 years ago.

덴버 공항에서

At Denver's Airport

훌쩍 뛰어와 내 품에 안기는 너
우리 말 알아보고 손 흔드는 내가

너도 반갑지?

You, bounding into my heart.
Recognizing my native tongue, I
wave my hand in greeting.

You're delighted to see me, right?

응시

Gaze

작은 우주에 불이 켜졌다

네 안에 펼쳐지는 불꽃놀이

새벽을 여는 빛 한 조각

눈동자에 잡혔다

A small universe ignites,

fireworks erupting in your mind.

Like the first sun ray that heralds the dawn

captured in your gaze.

실수한 산타

A Mistaken Santa

너무 일찍 오셨어요. 햇살이 놀린다
선물 보따리는? 나뭇잎이 묻는다
엥? 뭐지? 하다가
와! 신난다! 하는

모두가 즐거운 한 여름의 크리스마스

'You've come too early.' the Sun teases.
'Where is your sack of presents?' the leaves wonder.
At first, "Huh? What is this?"
Then, "Wow! How fun!"

A joyful, mid-summer Christmas for all.

안녕, 2024년

Farewell, 2024

시시한 이야기로 또 한 해를 채웠네
간당간당 허겁지겁 마감하는 2024년
의미 없이 보낸 시간 후회하는 일은
선 것도 아니고 앉은 것도 아닌
물렁물렁하고 뜨뜻미지근한 내 성격의 연례행사

Another year filled with trivial stories,
closing 2024 with more frenetic dithering.
I regret the moments passed without intention,
neither here nor there,
just my listless, lukewarm annual rite of passage.

애원

A plea

깜박깜박 깜박이는 내 기억의 등燈
상태 따라 왕왕 터지는 사이렌 소리
문 열기 전 알람 먼저 꺼 주오. 제발
문고리에 매달린 남편의 애원

Flicker, flicker flicker, my memory flashes and dims.
A siren blares when the light is off.
'Turn off the alarm before you open the door. Please.'
A quiet plea from my husband hangs gently on the door.

피스모 비치에서
At Pismo Beach

바다는 출렁였고 너희는 맨발로 웃었지

모래 위에 남긴 발자국
바람에 실려간 웃음소리
햇살보다 눈부셨던 너희 그림자

나는 아직, 그 여름에 머물러 있다

Laughing, running barefoot, before the crashing waves.

Tiny footprints left upon the sand,
pure laughter, swept away by the wind.
You both, more brilliant than the sun.

Still in that summer my heart remains.

미끄럼틀 세 여자

Three Women on a Slide

애야, 살아 보면 아무것도 아니란다. 겪어 보렴
무섭지? 나도 그랬어. 처음에만 그런 거야
싫어. 무서워. 어, 어, 생각보다 괜찮은데!

미끄럼틀 타고 내려오는 세 마음
모두가 살아갈 인생 미끄럼틀

'Sweetheart, once you live it, you'll see it's nothing. You just have to try.'
'Scary, right? I felt the same. It's only hard at first.'
'No! I don't want to! Ah, ah, Wait... it's not so bad!'

Three hearts descend together
on this slide called life.

갈대숲

In the Reed Field

가슴이 저리는 건 너 때문이 아니야
을숙도 갈대숲을 사슴처럼 휘젓던,
동서남북 온 하늘에 흥건하던 통기타 소리
화창했던 내 청춘이 사무치기 때문이야

My heart aches not for you,

but for the day we bounded through the Eulsukdo reeds like deer,

for the guitar's song that drenched the whole sky,

for that radiant youth I ache for longingly now.

도산의 편지

Dosan's Letter

미국 리버사이드 하늘 아래

나는 아직도

조국을 향해 서 있다

나는 꺼지지 않는 불씨, 박제된 역사가 아닌

살아 있는 신념이다

Beneath Riverside's American sky,
facing my homeland, I still stand.
An unextinguished ember, I am no relic of history,
but a living creed, burning still.

엄마와 딸

Mother and Daughter

햇살 저문 언덕에서 나누는 온기
손 맞잡지 않아도 마음 먼저 기대는
세상에서 가장 맑고 깊은 인연으로
서로를 비추는 빛나는 별— 엄마와 딸

Quiet warmth shared at dusk on a sunlit hill,
hearts connected without a touch.
The universe's purest and deepest bond,
radiant stars that light each other—
mother and daughter.

소멸과 각인의 시간
When We Fade, Yet Leave a Trace

콘크리트 바닥 찰나의 시간

내가 내게 묻는다

오늘 얼마나 걸었니? 뭐가 무거웠니?

햇살은 나를 지워가고

그림자는 나를 남긴다

For a split second on the concrete,

I ask myself,

'How far have you come? How heavy was the load?'

Even as sunlight fades,

my shadow quietly remains.

중얼중얼 봄

Whispers of Spring

봄이 별건가. 내 마음이 봄이지

마주치는 사람과 미소 나누고
중얼중얼 행복하다 자족하고
길섶에 핀 꽃 예쁘다 눈 맞추면

그게 바로 봄이지

What makes spring special? Spring is in my heart.

A shared smile with someone passing by.
This quiet feeling of contentment.
A sidewalk flower, blooming to catch my eye.

That is Spring.

내 나이가 어때서

Why are you bringing up my age

구름은 석양에도 마구 달리는데
나보고는 멈추라네

산 너머 세상도 궁금하고
펄럭이는 날개도 아직 있는데
빨간 신호등이라니

The clouds run wild, despite the setting sun,
but they tell me to stop.

I wonder what lies beyond the mountain,
my wings, restless.
Ugh, What's this red light.

제4부
풍경

비상의 순간
The Moment of Ascent

한 줄기 빛이 벼락처럼 꽂히니

섬광의 날개 펼쳐 어둠 떨쳐내는

한 마리 새

A beam of light strikes like a thunderbolt.

Wings flashing to shake off the darkness,

a bird rises.

기우제

Rainmaking Ceremony

벼락치듯 튀어 오른

촛대

쨍하게 시린 하늘 쿡 찔러

울려주소서

A candelabrum,

Streaking up like a lightning strike.

Pierce the dazzling, frigid sky,

and make it weep.

노을의 고백

The Sunset's Confession

사라지기 전에

한번

눈부시고 싶었다

그래서 불을 질렀다

Before I disappear,
I wanted to be brilliant
once more.

So I set fire to the earth.

당당한 존재감
A Dignified Presence

나,
불렀소?

Here I stand.
Did you call for me?

대자연의 서사

Nature's Saga

태양이 하늘 문을 여는 순간
무거운 침묵도 허공의 길이 된다
바위는 억겁의 시간이 빚어낸 뼈대

대자연의 서사 앞에 고개 숙인다

Emerging from a door in the sky, the sun
cuts a path across the void of heavy silence.
Boulders like skeletons, fossilized by eons of time,

With reverence, I bow before nature's saga.

나의 작은 천사
My Little Angel

조용히 감은 눈 위로 별빛 하나 내려앉고
작은 숨결 따라 하늘도 잠이 든다

너는
나의 정원에 피어난 꽃
내 삶에 축복으로 스며든 천사

As a single starlight streams upon your softly closed eyes,
with your gentle breath, the heavens, too, come to rest.

You are
a blooming flower in my garden,
an angel who has seeped into my life as a blessing.

태고의 입맞춤

The Earth's breath, finally met

마침내 닿은 지구의 숨결

한 걸음 다잡는데
수없는 바람 흔들렸고
입술이 닿기까지
수천만 년 필요했다

To take one step,
countless winds had to tremble.
For lips to meet,
millions of years had to pass.

품바

Pumba

그런 눈으로 날 보지 마세요

식은 햄버거, 동전 하나에도 행복해요. 나는

그거 알아요?

품바란 '사랑을 베푼 자만이 희망을 가질 수 있다'는 뜻

당신, 오늘 하루 품바로 살지 않을래요?

Don't look at me like that.

In a stale burger, a single coin, I find happiness.

Do you know what Pumba means?

'Those who give love find hope.'

Won't you live as a Pumba for a day?

하늘곰

Sky Bear

바위에 누운 태고의 숨결
하늘에 흐르는 지금 이 순간

아득한 시간 속을 걸어나오는
하늘곰 한 마리

Upon rocks instilled with the breath of eons,
this moment drifts across the sky.

Emerging from the depths of time,
a bear, in the sky.

한낮의 합창제

A Midday Chorus

듣는 이 없어도 노래하리라

바람은 지휘자 햇살은 반주자

꽃마다 제 몫의 음을 맞춘다

Sing though no one's listening,

conducted by the wind, accompanied by sunlight.

Each flower finds its voice.

정적의 숲

Forest of Stillness

멈추는 바람

머뭇대는 햇살

내 안의 소란도 고개 숙이는

깊은 고요

A still wind,

sunlight that hesitates.

Even the turmoil in my heart submits.

The profound stillness.

봄호수

Spring Lake

흰 구름 풍덩 뛰어든 호수
황금 잉어 한 마리 화들짝 달아나니
각시붓꽃 덩달아 발을 담그네

A white cloud plunges into the lake,
startling a golden carp that rushes away.
The Iris, too, joins the fun.

역사歷史 속의 역사驛舍

History's Traks

철로 위를 스치는 누군가의 수군거림

어떤 이는 떠나고, 어떤 이는 기다리는

삶의 풍경 하나 기적 위에 실리는

역사歷史 속 낡은 역사驛舍 게일스버그

The crowd's murmur brushes over the railroad tracks.

Some departing, others wait.

Portraits of life ride the ringing rails,

tracking history through old Galesberg station.

침묵의 성소

The silent sanctuary

수백 년 계절을 움켜쥔 기원起源

인간의 이야기와 맞닿은 경계

시간도 고개를 숙이는

아수라 제단 위

침묵의 성소聖所

The Origin clutching centuries of season,

at the threshold where human stories converge.

Where time itself bows its head,

at the silent sanctuary on the Asura altar.

새들의 조찬 모임
Breakfast Meeting of the Birds

물보라 아침 식탁

회의록에 기록되는 말은

물 깊이 딱 좋네. 발 담그기 최고야

이 햇살, 시詩 같지 않니?

동물나라 신문에 '오늘도 평화' 한 줄

Splashes at the breakfast table.
Notes from the meeting:
"Depth is great. Perfect for soaking our feet."
"This sunrise, it's a poem."

The Animal Times headline:
"Yet Another Peaceful Day."

|해설|

이중언어 환경에서의 삶과 사랑

— 성민희 디카시집 『시카고 클라우드 게이트』에 붙여

김종회(문학평론가, 한국디카시인협회 회장)

1. 성민희가 디카시를 쓰는 까닭

성민희는 모국어의 땅으로부터 8만 리 떨어진 이중문화 이중언어 환경 속에서, 오랫동안 문필 활동을 해 온 문인이다. 그는 한국 문단의《현대수필》에서 수필로,《한국소설》에서 소설로, 그리고《수필미학》에서 수필평론으로 각기의 장르에 따라 이름을 알렸으며 재미수필문학가협회의 회장 및 이사장을 역임했다. 그동안 상재上梓한 수필집으로『사람이 고향이다』와『아직도 뒤척이는 사랑』이 있으며, 한국산문문

학상과 미주문학상을 수상한 바 있다. 그가 디카시에 관심을 갖기 시작한 것은 다른 장르의 글쓰기 연륜에 비해 오래되지 않았으나, 사뭇 빠른 보속步速으로 이렇게 시집 한 권 분량의 적층積層을 보였다. 그는 제9회 황순원디카시 작품모집에서 최우수상을 받았고, 현재 한국디카시인협회 미국 캘리포니아 오렌지카운티지부 지부장이기도 하다.

성민희는 이 시집의 서두 〈시인의 말〉에서 자신이 디카시를 쓰기 시작한 이유를 선명하고 조리 있게 밝혀두었다. 아마추어로 그림을 그리던 자신에게 '장면' 포착의 관습이 있었고, 그 속에 잠복한 '세상 이야기'를 도출하는 재미에 빠졌었다는 것이다. 그런데 이는 사진이라는 영상 기호와 담화라는 문자 기호의 결합에 이르는 순간, 곧바로 디카시의 세계와 합일하는 형국이 될 수밖에 없었다. 사정이 그러하다면 그는 운명론적으로 디카시인이 될 행로에 서 있었고, 그와 같은 상황은 디카시인으로서는 매우 행복한 국면을 맞게 되는 형편이었다. 그는 디카시와 만나면서 '사진은 숨을 쉬기 시작했고 언어는 새로운 생명을 얻었다'고 토로했다. 이 시 쓰기의 방식으로 그는 자신의 모든 일상적인 삶의 세부에 렌즈의 초점을 가져갔고, 거기서 그 곡진曲盡한 의미, 특히 사람과 사물에 대한 사랑이라는 소중한 결실을 거두어들였다.

2. 일상의 현장과 세미한 관찰력

성민희의 디카시에 등장하거나 출현하는 일상의 모습은,

당연히 그가 사는 미국 캘리포니아의 풍경이 대다수다. 그곳이 그의 삶터요 일터요 놀터이기에 그렇다. 그는 이 일반적인 삶의 배경 가운데서 여러 모양으로 만나는 경물景物의 배면을 투시하고, 거기에 숨은 내밀한 이야기들을 발굴한다. 1부의 시들은 그에 결부된 '사랑'의 존재 양식을 해명하는 사례가 많다. 「동행」의 경우 번잡하지 않은 거리를 함께 걷는 두 사람을 보여주고, 그들의 '우리'가 '바람이 물들인 단풍처럼 세월이 빚어준 선물'이라고 단정한다. 「한낮의 별」에서는 네모필라 또는 별꽃풀로 불리는 꽃 무리를 두고, '이 한 낮에 별이 되어' 찾아온 그 애틋한 사연을 묻는다.

서약의 순간
축가는 파도 소리, 화환은 조개껍데기
유람선도 하객인 양 돛을 세웠다

축복하라
이 가난한 사랑을

―「가난한 사랑」

왜 시인은 이 시의 제목으로 '가난한 사랑'이란 제목을 붙였을까? 사진의 정경을 보면, 분명 혼인 서약의 자리다. 결혼식에 있어서 주례나 증인 앞에서 결혼을 맹세하고 약속하는 의식이다. 이 서약이 있은 다음 주례의 성혼 선언으로 이어지는 것이 상례이지만, 근자에는 이 오랜 의례를 건너뛰어

소략하게 하거나 그 형식을 다르게 바꾸기도 한다. 이 시에서 서약이 진행되는 곳은 요트들이 한가롭게 정박해 있는 바닷가이고, 증인들 또한 단출하기 이를 데 없다. 가난한 사랑이라 했으니, 분명 시인은 이 서약에 얽힌 아프거나 슬픈 사연을 짐작한다는 상황이다. 이 장면에 공여하자는 축복에 대해 이의를 제기할 독자는 없을 터. 결혼식이 소박하다고 해서 가연佳緣의 행복까지 그렇지는 않을 것이다.

둘이지만 한 몸이라 누가 말했나
한세상 티격태격 살아내노라면
아내도 남편도 각각일 때 있더라만
중간에 종종종종 따라 붙는 새끼들
한 몸으로 살아야 할 커다란 이유

—「부부」

이 세상에 하나님이 직접 세운 기관이 둘 있는데, 하나는 교회요 다른 하나는 가정이라고 한다. 그 가정을 성립시키는 필요충분조건이 곧 부부다. 이를 내외內外라는 말로 달리 부르기도 한다. 한국의 민법에는 동거, 부양, 협조, 정조의 의무를 규정하고 있다. 자, 그런데 여기서 시인이 말하는 부부는 어느 한적한 공원의 오리 가족이다. 부모가 앞뒤에 서서 걷는 길의 중간에 앙증맞은 새끼 세 마리가 동행하고 있다. 시인은 이 흔연한 광경을 두고, '아내도 남편도 각각일 때'가 있겠으나 '종종종종 따라붙는 새끼들' 때문에 한 몸으로 살아야 한다고 언명言明한다. 사랑에 여러 유형이 있겠지만 이 경우는 언제 어디서나 불가역적不可逆的인 만고불변의 관계성이다. 항차 이들에게서만 그러할까. 사람의 세상 또한 매한가지다.

3. 인생 행로의 꿈 또는 그 표정들

우리가 살아가는 인생길, 그 행로는 단순히 한 사람이 태어나서 죽음에 이르기까지의 발자취를 뜻하는 것이 아니라, 그 길을 어떻게 이해하고 살아내느냐에 방점이 있다. 그래서 목적지보다 그 과정이 더 중요하다고 인식되고, 그것이 자신의 전인격全人格을 형성하는 까닭에 자기성찰의 노력이 수반되는 것이다. 이 시집 2부의 시들은 그러한 관점에 의거한 작품이 많다. 「꿈Ⅱ」는 파도와 수평선과 구름의 형상이 장관을 이룬 해변에서, 한 어린아이의 당찬 기세로 이를 가늠한다. 「그분을 기다리며」는 도로변 어느 쉼터의 의자에 놓인 백팩을 화자로 하여, 그 지점에서의 운명과 앞으로의 길을 견주어 보는 매우 독특한 작품이다.

너의 세월도 이야기해 봐
어디에서 주저앉았는지
어느 골목에서 외로웠는지
나는 이미 고백했어
자세히 한번 봐봐

—「고백」

 이 시에는 다섯 사람의 장인掌印이 찍혀 있다. 저 눈 덮인 탁상이 놓인 곳은 미국 사우스다코타주 키스톤이란 소도시의 한적한 산장 앞 베란다다. 이렇게 정확하게 알고 있는 이유는, 필자가 그 다섯 중 한 사람이기 때문이다. 때아닌 4월의 적설積雪이 10개의 수적手跡 행위예술을 도왔다. 시인은 이 장면에 '고백'이란 제목을 붙이고 화자話者인 '나'와 청자聽者인 '너'를 구분하여, '너의 세월'을 고백하라고 권유한다. '나'는 이미 그 세월을 장인에 담아 고백했다는 것이다. 이때 시인이 말하는 세월이란, 힘들고 외로웠던 날의 기억을 환기하는 것이다. 신박한 한 장의 사진에서 참으로 속 깊은 담화의 층위를 거두어들인 시다.

바람 한 줌, 햇살 한 겹 내려앉은
여린 시간
풍성히 날개펼친 나비로 피었구나

하늘을 가르는 소리 없는 날갯짓
나, 지금 살아가고 있어

—「존재의 자각」

이 시의 제목으로 선택된 '존재의 자각'은 서구의 철학에서 데카르트와 하이데거가 깊이 있게 탐색했고, 동양의 불교적 전통에서는 무상無常과 무아無我의 인식을 통해 집착을 벗어나 해탈로 가는 길목이다. 문학에서는 이 관념이 종종 고독과 각성의 순간으로 표현된다. 인용된 사진은 푸른 하늘을 배경으로 은행나무의 작은 가지와 샛노란 잎이 열리는 장면이다. 왜 어떻게 시인은 여기서 존재의 자각을 보았을까. 우선 시인은 이를 '바람 한 줌, 햇살 한 겹 내려앉은 여린 시간'이라고 보고 꽃의 개화를 '풍성히 날개 펼친 나비'로 호명했다. 그 날갯짓에 '나, 지금 살아가고 있어'라는 해명을 덧붙였다. 인생 행로의 한순간에서 만난 생명의 태동을 강렬하게 제기하는 시다.

4. 세상을 달리 보는 중층적 시각

중층적 시각이란 단일한 관점으로 사물이나 현상을 바라보는 것이 아니라 여러 층위Layer에서 동시에 혹은 교차적으로 바라보는 태도나 인식 방식을 뜻한다. 이 개념은 문학 이외에도 철학, 예술, 사회학 등 다양한 분야에서 응용된다. 특히 문학에 있어서는 그 특성의 하나로 인정되는 애매모호성Ambiguity이 이 논의의 연장선상에 있다. 예컨대 황순원의 「소나기」를 단순한 첫사랑의 이야기로 읽는 대신 전후 한국의 현실, 자연과 순수성의 상징, 근대적 감수성의 발현 등 다층적 해석이 가능한 것이다. 이 시집 3부의 시들은 그런 점에서 특히 눈에 띤다. 「갈대숲에서」에서 보는 '내 청춘'이 그렇고, 「소멸과 각인의 시간」에서 보는 '나'와 그림자의 관계성이 그렇다.

거대한 은빛 물방울
익숙한 풍경은 낯선 뒤틀림으로
현실이 굽이치며 초현실로 스며드는

수백의 내가 일렁이는 허공에서
나는 '나'를 찾는다

―「시카고 클라우드 게이트」

 사진의 클라우드 게이트Cloud Gate는 미국 일리노이주 시카고에 있는 거대한 스테인리스 조각품이며, 인도 출신의 영국 조각가 아니쉬 카푸어Anish Kapoor가 2004년부터 2006년까지 2년에 걸쳐 제작했다. 시카고 중심부 밀레니엄 파크 내 AT&T 플라자에 있다. 콩 모양으로 생겨서 더 빈The Bean이란 별칭으로도 부른다. 모든 조각이 입체 반사형으로 되어 있어, 들어서는 사람이나 사물 모두 환상적이고 그로테스크한 모습으로 비친다. 필자도 시카고에 갔을 때 여기를 들렀다. 시인은 이 광경에 대해 '현실이 굽이치며 초현실로 스며드는' 형용이라고 정의했다. 동시에 그 기묘한 허공의 환경에서 '나'를 찾는 자신을 내세웠다. 그 복합성의 장관壯觀이 결국 '나'를 입지점으로 해서 감각되는 까닭에서다.

훌쩍 뛰어와 내 품에 안기는 너
우리 말 알아보고 손 흔드는 내가

너도 반갑지?

─「덴버 공항에서」

  이 시의 중심 주제는 단연 모국어다. 이 어휘는 단순히 '어머니의 나라말'이라는 사전적 의미를 넘어 언어·정체성·문화·사유 방식 등 인간의 정신적 영역 전반과 밀접하게 결부되어 있다. 영어로 'Mother Tongue'라고 하는 것은 '어머니'를 앞세워 가장 가까운 보호자와의 언어 습득 과정을 강조하는 까닭에서다. 모국어는 단순한 의사소통의 수단이 아니라, 한 개인의 사고방식과 세계관의 틀에 연동된다. 곧 모국어는 존재를 규정하는 언어적 고향이라 할 수 있다. 시인은 콜로라도주 덴버 공항에서 '환영합니다'란 사인보드Sign-board의 글귀를 발견한다. 예기치 않은 감동이다. 그래서 '너도 반갑지?'라고 반문한다. 매우 범상한 상식의 순간에 매우 특별한 인식의 범례를 발견한 터이다.

5. 진풍경의 포착과 심경의 개방

  예술지상주의의 언사 중에 '놀랍지 않으면 버려라'라는 것이 있다. 풍경 가운데 놀라운 것을 '진풍경珍風景'이라 하는데, 이는 눈앞에 보이는 경치 혹은 어떤 모양새가 매우 드물고 특별하다는 뜻이다. 디카시가 추구하는 수발秀拔한 사진의 포착이라는 것은 바로 이 진풍경에 해당하고, 흔하고 일반적인 광경은 애써 소재로 선택할 필요가 없다는 문맥이다. 여기서 중요한 사실은 진풍경이 보기 드문 장면일 뿐만 아니라, 보는 이의 시선이 만들어낸 특별한 현상이라는 점이다. 이 대목에서 시 또는 디카시의 범주와 운신의 폭이 확보된다. 4부의 시들 가운데 「당당한 존재감」은 캘리포니아의 랜드마크를 이루는 팬팜 야자수의 발치에 당당히 고개를 들고 선 노랑히비스커스 꽃 한 송이를 세워 두고, '나, 불렀소?'라는 사뭇 도전적인 대화법을 시전한다. 그런가 하면 「정적의 숲」에서는 흐리게 가라앉은 소나무 숲의 실루엣에서 '깊은 고요'의 정체성을 확인한다.

사라지기 전에
한번
눈부시고 싶었다

그래서 불을 질렀다

—「노을의 고백」

  노을이다. 그것도 유칼립투스와 팜 트리 뒤편에서 엷은 주황빛 색감으로 물들고 있다. 노을은 우리 일상에서 흔히 볼 수 있는 자연현상이지만, 우리의 삶과 문화 속에서 여러 의미를 지닌다. 그리하여 하루의 마무리를 말하면서 그 붉고 황홀한 빛은 아름다움과 쓸쓸함을 함께 소환한다. 이에 덧붙여 평화, 순간의 찬란함, 덧없음, 허무, 이별, 그리움 등 복합적인 정서를 한꺼번에 담보한다. 그런데 시인의 언표言表는 다시 한 걸음 더 나아가 독자의 의표意表를 찌른다. 사라지기 전에 한번 눈부시고 싶어서 '불을 질렀다'는 것이 아닌가. 노을의 상징적 의미에 시적 화자의 주체적 결의가 무슨 선언처럼 들리는 어투다.

마침내 닿은 지구의 숨결

한 걸음 다잡는데
수없는 바람 흔들렸고
입술이 닿기까지
수천만 년 필요했다

―「태고의 입맞춤」

앤텔롭 캐년이다. 미국 애리조나주에 있는 자연 동굴이며, 사암과 빗물과 햇빛의 조화로 기상천외한 절경을 연출하는 곳이다. 이 놀라운 경관이 형성되고 또 사람들의 발길이 닿기까지 천고의 세월을 지나왔어야 했는지도 모른다. 지금까지 감격스러운 바는 이 동굴의 현장에서 시인과 일행이 되어 함께 탐색하고 함께 촬영을 했던 필자의 기억이다. 천장으로

부터 스며든 빛으로 인하여 연접해 있는 두 벽면의 바위가 얼굴을 맞댄 두 사람으로 보인다. 시인은 여기에 '마침내 닿은 지구의 숨결'이란 수사修辭를 공여했다. 두 입술이 닿기까지 수천만 년이 필요했다고 여긴다면, 이미 일상의 계량 방식을 초월한 상상력이다. 진풍경에 대응하여 시인 스스로 가꾼 심경心境의 개방에 육박한 시다.

우리는 이제까지 모두 60편에 달하는 성민희의 디카시를 공들여 읽었다. 시인은 각부별로 사랑에 관하여, 인생에 관하여, 일상 중에, 풍경이라는 소제목을 붙여 자신의 시를 구획하고 그 의미를 분화했다. 우리 또한 각기의 단락에 대응하여 일상의 현장과 세미한 관찰력, 인생 행로의 꿈 또는 그 표정들, 세상을 달리 보는 중층적 시각, 진풍경의 포착과 심경의 개방 등의 이름으로 주로 주제론적 접근을 시도했다. 작은 울타리에서 보면 소설가이자 수필가인 한 문인이 디카시의 세계로 그 운필運筆의 영역을 확대한 것이지만, 보다 큰 카테고리Category로 시야를 확대하면 이중언어와 이중문화 환경으로부터 한 문필가가 그 삶과 사랑의 모습을 우주론적 상상력의 세계로 견인하는 것이다. 그리하여 디카시 옹호자들은 그로부터 한 사람의 맹장猛將을 얻은 셈이다. 바라기로는 이 시인의 시적 활약과 더불어, 우리가 더 활달하고 광활하며 웅숭깊은 디카시의 정점頂點을 볼 수 있었으면 한다.